Los niños detectives

Patricia Verano

Copyright © by TPRS Books

info@TPRSbooks.com | www.TPRSbooks.com

Written by Patricia Verano
contributions by Blaine Ray and Michael Coxon
Artwork by Milton Blas Verano
Illustrations by Juan Carlos Pinilla Melo

Published by: TPRS Books
8411 Nairn Road
Eagle Mountain, UT 84005
Local phone: (801) 653-5550
Toll free phone: (888) 373-1920
Toll free fax: (888) RAY-TPRS (729-8777)
www.tprsbooks.com
info@tprsbooks.com

ISBN 978 1 60372 100

A note to the reader

This fictitious novel is based on fewer than 100 high frequency words in Spanish. This novel is intended to facilate language acquisition and biliteracy. It contains a manageable amount of vocabulary and numerous cognates, making it ideal for beginning language students.

Vocabulary is listed in the glossary at the back of the book. Some words are listed more than once, as most appear throughout the book in various forms.

The opinions and events in this story do not reflect or represent the opinions or beliefs of TPRS Books. This novel is intended for educational purposes. We hope you enjoy the reader!

Índice

Capítulo 1

Yo dibujo

Yo soy Alberto. Soy Alberto Gómez. Tengo una familia en Bolivia. Bolivia es muy interesante. Bolivia tiene un lago. El lago es Titicaca. El lago está en Bolivia y en el Perú. Bolivia es interesante y Titicaca es interesante. Tengo una familia interesante.

Tengo una casa en Bolivia. Es una casa diferente. Mi casa tiene energía solar. En mi familia la naturaleza es importante. La naturaleza es importante para mi papá. Mi papá tiene una computadora. Mi papá es científico. Mi papá es muy inteligente también.

Mi papá estudia mucho. Lee mucho. Lee de la ciencia. Lee de los animales. Lee de la naturaleza. Mi papá lee mucho y estudia mucho. Mi papá me dice mucha información interesante. Me habla de los animales. Me habla de la naturaleza. Me habla de la energía solar. Mi papá es muy inteligente porque lee mucho y estudia mucho.

Mi papá me dice de los animales en Bolivia. Un animal es el jaguar. El jaguar es muy interesante. El jaguar vive en Bolivia. El jaguar es un tipo de gato. Es un gato grande.

Mi papá es muy famoso. Es famoso porque es científico. Tiene un proyecto. El proyecto es responsable por la conservación del jaguar. Mi papá dice que la conservación del jaguar es importante. En mi opinión la conservación del jaguar es muy importante.

En Bolivia hay jaguares en los zoológicos. Mi papá no está contento. Mi papá dice que los jaguares necesitan vivir en la selva. No necesitan vivir en los zoológicos de Bolivia. Mi papá tiene un proyecto. Es un proyecto importante. En el proyecto los jaguares van a vivir en la selva. No van a vivir en los zoológicos.

En el zoológico hay una mamá jaguar. El jaguar es Wayra. Wayra es un nombre diferente para un animal. Wayra está en una foto. Wayra tiene dos bebés. Wayra es un animal interesante porque necesita protección y tiene dos bebés.

Mi papá me habla de la familia de Wayra. Mi papá me dice que la familia de Wayra necesita protección. Necesitan vivir en la selva. No necesitan vivir en un zoológico.

Mi papá va al lago. Quiero ir al lago con mi papá.

—Papá. Voy al lago. Quiero ir al lago. ¿Tengo permiso? No necesito estudiar —digo.

Mi papá me dice que puedo ir al lago. Estoy muy contento. El lago es interesante. Hay muchos animales.

Tengo una pasión. Tengo la pasión de dibujar. Quiero dibujar animales. Quiero dibujar mucho. Quiero ser un artista. Tengo mucho talento. Dibujo bien. Dibujo a Wayra y los dos bebés. Es un dibujo muy interesante. Me gusta dibujar porque soy muy curioso. Quiero ser un detective artista. Quiero resolver investigaciones con mis dibujos.

—Papá. Tengo un dibujo de Wayra y los dos bebés —digo.

Mi papá está impresionado con el dibujo. Mi papá me dice:

—En el lago puedes dibujar animales. Hay muchos animales interesantes en el lago. Puedes dibujar mucho. Puedes investigar los animales.

Mi papá va mucho al lago. Es científico. Estudia el lago. Estudia los animales en el lago. Estudia los animales en la selva también. Quiero ir mucho al lago. No puedo. Mi papá puede ir mucho al lago pero no puedo.

Dibujo mucho. Voy al lago y dibujo una rana. La rana es un animal interesante. Tengo el dibujo de Wayra y tengo el dibujo de la rana.

Mi papá mira los dibujos. Me dice:

—Alberto, los dibujos son muy interesantes. Dibujas muy bien. Eres un artista excelente. Tienes mucho talento. Puedes dibujar bien los animales.

Estoy muy contento porque mi papá me dice que dibujo bien. Me dice que tengo dibujos interesantes de los animales.

Capítulo 2

La profesora de ciencias

Tengo problemas con mi papá. Mi papá tiene una opinión de la escuela y yo tengo otra opinión. En la opinión de mi papá la ciencia es muy importante. En mi opinión la ciencia no es importante. Es un conflicto grande.

Quiero dibujar. Quiero dibujar objetos y animales. Quiero dibujar investigaciones de los detectives. Quiero dibujar animales de la naturaleza. Quiero ser un dibujante. Quiero ser un dibujante famoso.

Mi papá no me comprende. No me comprende porque él no dibuja. Mi papá es científico y no puede dibujar. No quiere dibujar. No quiere ser un dibujante. No me comprende porque tiene una pasión por la ciencia. A mi papá le gusta investigar la ciencia y a mí me gusta investigar el arte de animales y los detectives.

Mi papá me dice:

—Tengo información de tu escuela. Tu profesora de ciencia me dice que no estudias. No lees el libro de ciencia. Tú dibujas durante la clase.

Yo respondo:

—No me gusta la clase de ciencia. No me gusta la profesora. No quiero ser científico. Quiero ser un dibujante de los detectives. Quiero dibujar animales también. Quiero dibujar animales de la selva y del lago. Me gusta la ciencia porque quiero dibujar la ciencia. No quiero estudiar la ciencia.

Mi papá y yo vamos a la escuela. Vamos en auto. Mi papá quiere hablar con mi profesora de ciencias. Mi papá no está contento con la situación de mi clase. Mi mamá no está contenta. Tengo problemas con la clase de ciencias y con la profesora de ciencias.

Mi papá y yo vamos a la clase y hablamos con mi profesora de ciencias. Entramos en la clase y hablamos con la profesora.

—Buenos días, profesora.

—Buenos días, Alberto. Buenos días, señor Gómez.

Mi papá le dice:

—Buenos días, profesora.

La profesora habla con mi papá. Ella le dice:

—Señor, Alberto tiene problemas en mi clase de ciencias. No quiere estudiar. No quiere leer el texto. Quiere dibujar animales del texto pero no quiere estudiar el texto. Es un problema.

Mi papá y mi profesora hablan mucho. Hablan unos minutos. No es una situación buena. No hablo durante la conversación. Tengo mi texto de ciencias y veo animales en el texto. Me gustan las fotos en el texto de los animales. Dibujo animales. Estoy contento cuando dibujo. Me gusta dibujar.

No me gusta leer el texto. Me gusta dibujar animales del texto. Me gusta investigar los animales pero no me gusta estudiar los animales.

Mi papá y mi profesora de ciencias no hablan más. Ahora mi profesora tiene un plan. Mi papá tiene un plan. Yo tengo otro plan. No quiero estudiar mi libro de ciencias. No me gusta el plan de mi papá y no me gusta el plan de mi profesora. Es un conflicto.

Mi papá va a su trabajo y voy a mis clases. Mi profesora no está contenta conmigo. Está contenta con mi papá pero no está contenta conmigo. Después de la clase la profesora me da un artículo. Es un artículo de la ciencia. Es un artículo interesante.

Veo el artículo y lo leo. El artículo es una investigación interesante. El artículo dice que el jaguar está en peligro de extinción. La información en el artículo es una investigación. La situación del jaguar es una situación con problemas. Quiero investigar los probemas. El jaguar está en peligro de extinción. Leo el artículo y después dibujo el jaguar. El jaguar es interesante. El jaguar tiene problemas de extinción.

Después de la escuela voy a mi casa. Tengo el artículo del jaguar y tengo mi dibujo del jaguar. Doy el artículo y el dibujo a mi papá.

Mi papá ve el dibujo y lee el artículo. Me dice:

—Alberto, tu profesora de la clase de ciencias dice que no lees el texto y no estudias. Veo tus dibujos. Alberto, no es importante dibujar. La escuela es importante. El dibujo no.

No estoy contento con mi situación. Tengo problemas con mi papá. Tengo problemas con mi profesora de ciencias. No quiero leer el texto de ciencias. Quiero dibujar. No quiero ser científico. No quiero ser un niño normal.

Quiero ser famoso. Quiero ser un dibujante famoso. No quiero ser un científico. Tengo problemas. Yo soy especial. Quiero ser especial. Quiero ser un dibujante especial.

Capítulo 3

La mascota de mi casa

Estoy en mi casa. A mí me gusta mucho mi casa. Mi familia es diferente a otras familias. Mi familia es una familia especial. Yo tengo una mascota. Es una llama. Su nombre es Vivy. Vivy es una llama buena y una mascota buena. En Bolivia hay muchas llamas. Mi papá no quiere más mascotas. La mascota de mi casa es suficiente. Yo tengo una llama y en la opinión de mi papá una llama es suficiente.

Mi mamá se llama Margarita y es una mamá buena. Mi mamá es especial. Yo soy especial y mi familia es especial. Soy especial y mi familia es especial con una excepción: mi papá.

Mi papá es un científico excelente. Es un científico bueno. Mi papá no quiere un hijo con problemas. Mi papá no quiere un hijo que es artista. Yo no quiero ser científico. Yo quiero ser un dibujante famoso.

Pedro es mi mejor amigo. Pedro también tiene una mascota. Es una rana. La rana de Pedro es Julieta.

Pedro es un genio de la ciencia. Pedro no tiene problemas en la escuela. Estudia el texto de la clase de ciencias. Lee mucho de la ciencia y la naturaleza. Pedro es un genio y le gusta la investigación de la ciencia.

A Pedro le gusta mi mascota. Le gusta Vivy. Me gusta la mascota de Pedro también. Me gusta la rana Julieta y a Pedro le gusta mi mascota Vivy.

Mi papá y el papá de Pedro son amigos. El papá de Pedro también es científico. El papá de Pedro es Carlos y está contento porque Pedro es un genio para la ciencia. Carlos le dice a Pedro:

—Pedro, eres un estudiante excelente. No tienes problemas en la clase. Estudias el texto y lees mucho. Estoy muy contento porque eres un estudiante perfecto. Voy a darte una mascota. ¿Qué tipo de mascota quieres?

—Gracias, papá. Yo quiero una mascota nueva. Quiero un perrito —dice Pedro.

Carlos va a la casa con un perrito. Es una mascota para Pedro. Pedro ve al perrito y reacciona con mucha emoción.

—Gracias papá. Me gusta. Me gusta el perrito. Es una mascota perfecta.

—El nombre es Romeo —le dice el papá.

Veo a Romeo. Me gusta Romeo. Es un perrito bueno. Quiero dibujarlo. Me gusta dibujar. Me gusta dibujar los animales. Yo quiero ser un dibujante famoso y también quiero otra mascota. Quiero una mascota especial.

—Por favor, papá, quiero otra mascota. Pedro tiene dos mascotas —digo.

—Una mascota es suficiente. No quiero una casa con muchas mascotas. No necesitamos más mascotas. ¡Necesitamos más libros de ciencia, menos mascotas y menos dibujos! —dice mi papá.

La familia de Pedro y mi familia son diferentes. Mi papá no está contento porque no soy un genio para la ciencia. Esto es terrible para mi papá porque mi papá es un científico y está loco por la ciencia. Pero, ¿qué puedo hacer? La ciencia es para los científicos y los genios y yo soy artista. Bueno, casi artista. Yo quiero ser artista. ¡No quiero ser un científico famoso como mi papá! Quiero ser un artista famoso con los animales o los detectives.

Capítulo 4

La clase de ciencias

No estoy contento con mi situación de la clase de ciencias. Necesito la ayuda de mi amigo Pedro.

Pedro viene a mi casa y me ayuda. Pedro me ayuda mucho. Pedro es un genio. Es un genio en la clase de ciencias. Una hora más tarde estoy contento. Tengo todo bien para mi clase de ciencias. Me gusta.

—A mí me gusta la ciencia. Pero, ¿por qué no te gusta la ciencia? Es muy interesante —dice Pedro.

Le digo:

—¿Por qué no te gusta dibujar? El dibujo es interesante.

Mi papá entra con una foto de Wayra. Pedro ve la foto. Está muy interesado en Wayra. Mi papá habla con Pedro. Le dice:

—Wayra es un jaguar. Los jaguares están en peligro de extinción. Estoy en un grupo de científicos que queremos ayudar los jaguares. Es un problema grande.

—¿Te gustan los jaguares, Pedro? —dice mi papá.

—¡Sí, me gustan! Quiero ver a Wayra. Veo que Wayra está en el zoológico. Quiero verla. Quiero visitarla —dice Pedro.

—¿Papá, puedo ir también? Pedro tiene permiso de sus padres —digo a mi papá.

Mi papá es muy bueno y dice que podemos ir al lago y podemos ver a Wayra. Estamos muy contentos porque queremos ir.

Tengo un dibujo de un escorpión. Le doy mi dibujo a mi papá. Mi papá dice:

—El escorpión es un animal diferente. Come insectos. Come muchos insectos. Come insectos horribles.

Pedro tiene dos mascotas pero no tiene un escorpión. Mi familia tiene una mascota pero es obvio que no tenemos escorpiones. Pedro mira el dibujo y dice:

—Bolivia tiene muchos especies de animales. Hay especies que están en peligro de extinción. Hay animales, como el jaguar, que están en peligro de extinción. Cuando los animales están en peligro de extinción, los científicos tienen programas de protección.

—Pedro, no estamos en la clase de ciencias. ¿Por qué no puedes ser un niño normal como yo y dibujar? —digo.

Pedro es como una computadora o un libro de ciencias.

—¿Te gusta el jaguar de mi dibujo? —le digo a Pedro.

—Sí. ¡Es peligroso y puede comerte! ¡GRRR! —dice Pedro.

Capítulo 5

Una aventura peligrosa

Pedro me dice:

—Quiero explorar el lago. ¿Vamos al lago?

—Sí, vamos a la casa de mis abuelos. Ellos tienen una casa cerca del lago. Vamos a la casa de ellos y después vamos al lago —digo.

Vamos a la casa de mis abuelos. Hablamos con ellos. Digo a mis abuelos:

—Vamos a explorar el lago.

Pedro y yo exploramos el lago. Todo es fantástico. Todo es interesante. Vemos el lago. Vemos la selva.

Pedro y yo exploramos todo. La naturaleza es interesante y investigamos mucho. El lago es muy interesante. Estamos contentos porque estamos cerca del lago y no estamos en las clases.

Pedro ve algo. Ve algo diferente. Ve algo interesante. Es un animal. Pedro agarra el animal. Es una rana.

—¿Pedro, qué tienes? —digo.

—Tengo una rana. Es una rana muy rara. Alberto, dibuja la rana.

Miro la rana uno o dos minutos. Miro la rana con mucha atención. Después dibujo la rana.

Más tarde investigamos más. Veo a un hombre. Es un hombre diferente. Digo a Pedro:

—Mira, Pedro, mira a ese hombre.

Es un hombre diferente. Quiero ver bien al hombre. Es un hombre muy diferente. Quiero hacer un dibujo del hombre.

El hombre agarra un animal. Pone el animal en una bolsa. Agarra otro animal y lo pone en la bolsa. No es normal. El hombre roba los animales y los pone en la bolsa.

Quiero ver bien al hombre porque quiero dibujarlo. Es una situación terrible para los animales.

Pedro va rápido. Quiere ver al hombre también. Quiere ver los animales que están en la bolsa del hombre.

—Pedro, ¿por qué quieres investigar al hombre? —le digo a Pedro.

—El hombre es muy diferente. El hombre tiene animales en la bolsa. Es un hombre malo —me dice Pedro.

—Pedro, ¿estás loco? ¿Por qué quieres investigar al hombre terrible? Nosotros no somos detectives —le digo a Pedro.

—Vamos —dice Pedro—. Vamos a ver al hombre. Vamos a investigar la situación.

Investigamos al hombre. El hombre es malo. Investigamos al hombre unos minutos. Estoy nervioso porque el hombre es malo. Quiero ser detective pero no soy detective. No me gusta el hombre.

Vamos rápido pero hay un problema. El hombre nos ve. El hombre va rápido también. El hombre escapa pero veo la bolsa del hombre. Agarro la bolsa. Veo los animales en la bolsa. Los animales son las ranas raras. Digo a Pedro:

—Mira. La bolsa tiene muchos animales. Tiene ranas. Tiene las ranas raras.

—Alberto, son las ranas de tu dibujo. Las ranas en la bolsa están en peligro de extinción —dice Pedro.

Tenemos la bolsa con las ranas. Vamos al lago. Ponemos las ranas en el lago. Veo una de las ranas. La rana tiene un problema. Tiene un problema médico. Digo:

—Mi papá no quiere más mascotas. La rana es una rana rara y una rana importante. Es una emergencia.

Pedro y yo vamos a la casa de mi abuelo. Tengo una mascota nueva. Es una rana rara. Es una rana especial. Es una rana que está

en peligro de extinción. La rana que tengo
es la rana de mi dibujo.

Capítulo 6

Una rana diferente

Pedro y yo vamos a estar en la casa de mis abuelos ahora. Llamo a mis padres. Les digo que no vamos a la casa de ellos. Vamos a estar con mis abuelos.

Pedro y yo hablamos mucho. Hablamos de la aventura en el lago. Hablamos de la rana. Hablamos del dibujo de la rana. Hablamos del hombre malo con una bolsa de ranas. Hablamos de las aventuras en el lago. Hablamos de la investigación. Es un día muy interesante y muy diferente.

Tengo una mascota nueva. Es una rana rara. Es una rana con problemas médicos. Tengo comida para la rana. Doy comida a la rana. La rana come. Estoy contento porque la rana come.

Más tarde viene mi papá a la casa de mis abuelos. Entra en la casa. Estoy contento porque mi papá está en la casa conmigo.

Tengo el dibujo de la rana en el lago. Es un dibujo de la mascota que tengo.

Tengo el dibujo de la rana. Hablo con mi papá. Le digo:

—Papá, tengo un dibujo de una rana.

Mi papá quiere ver mi dibujo. Le doy el dibujo a mi papá. Él lo ve. Me dice:

—Alberto, este dibujo es excelente. ¿La rana está en tu libro de ciencia de la escuela?

—No papá. Es un dibujo de una rana en el lago. Pedro es un genio de la ciencia. Pedro tiene la opinión que la rana es rara —le digo.

—Es correcto —responde mi papa. —Pedro es muy inteligente. Esta rana está en peligro de la extinción. No hay muchas ranas en este lago.

Pedro es un chico curioso y él mira mis dibujos.

—Tus dibujos son perfectos —dice Pedro.

Tengo una rana. Es un secreto pero tengo una rana. Tengo la rana en mis pantalones. Es un secreto. Es una rana rara. En mi opinión tengo una rana importante. Mi papá va a estar muy contento porque tengo una rana rara. Agarro la rana en mis pantalones y digo:

—¡Oh no! ¡Mi rana no está!

—¡Qué bueno! La rana está bien. No tiene problemas médicos. Excelente —dice Pedro.

—¡No Pedro, esto es un problema! Hay una rana en la casa. Es la casa de mis abuelos. Mis abuelos no quieren una mascota en su casa. No quieren una rana —le digo a Pedro con mucha emoción. —Necesito la rana. La necesito en este instante. Es importante.

Mi papá ve la situación. Es un problema. Mi papá quiere la rana y yo quiero la rana. Necesitamos la rana.

Mi papá mira el dibujo. Le digo:

—Papá, la rana es la rana en mi dibujo. Necesitamos la rana.

Mi papá está contento con el dibujo pero no está contento porque hay una rana rara en la casa de sus papás. Mi papá me dice:

—El dibujo es excelente. Eres increíble. La rana es una rana muy rara y está en peligro de extinción. Eres un genio del dibujo.

En este momento la abuela dice que vamos a comer. Nos dice:

—Vamos a comer.

Cuando comemos, mi papá habla de la rana. Dice:

—Alberto es un genio. Alberto y Pedro son genios. Son niños detectives. En el lago ven una rana rara. La rana está en peligro de extinción. Gracias por dibujarla, Alberto. Eres un genio del dibujo. Muchas personas quieren información de la rana. Muchas personas tienen la opinión que la rana no existe.

Los abuelos están muy contentos con Pedro y conmigo. Mi abuelo dice:

—Alberto, eres un detective increíble. Pedro, también eres un detective fantástico.

Mis abuelos están contentos pero yo no. No estoy contento porque hay una rana en la casa de ellos.

En ese instante Pedro ve un animal. Pedro agarra el animal. Es la rana. Mi papá no ve la rana pero ve que algo no es normal. Mi papá me dice:

—¿Qué pasa?

Hay silencio.

—Algo pasa. ¿Qué pasa?

—Doctor Gómez, Alberto está enamorado —dice Pedro.

—No estoy enamorado —respondo.

—Cálmate Alberto. Es normal estar enamorado —responde mi papá.

—¡Qué bueno! Alberto está enamorado —dice mi abuelo.

—¿Síííííí? —dice mi abuela.

No estoy contento. No quiero estar en la casa de mis abuelos. Todos tienen la opinión que estoy enamorado pero no es correcto.

Pedro, mi papá y yo vamos a mi casa. Quiero hablar con Pedro. No estoy contento. Cuando estamos solos hablamos.

—¡Pedroooooooo! ¿Por qué dices que estoy enamorado? ¿No eres mi mejor amigo?

—¡Cálmate, Alberto! ¡Por favor! El problema es la rana. La rana es un secreto. Tu familia no puede ver la rana. Va a causar problemas. Tener la rana en la casa es un secreto.

Veo que Pedro es un buen amigo. Tengo la rana en mi casa. Es un secreto. Tengo una mascota nueva en mi casa. Puedo tener problemas con mi papá con una mascota en la casa.

—Está bien, Pedro —digo.

—¡Somos los mejores amigos de Bolivia, Alberto! Y también somos detectives —dice Pedro, muy contento.

—Eso es. Somos los niños detectives —digo.

—Algo más —dice Pedro, mucho más serio— Ahora que está mejor, la rana necesita vivir en la naturaleza.

No estoy contento con la idea de poner la rana en el lago pero es una decisión buena. Es una decisión importante. La rana no puede vivir en mis pantalones. Voy a tener problemas con una mascota nueva. Mi papá no va a permitir una mascota nueva. Me gusta la rana pero la rana necesita vivir en el lago.

Dos días más tarde Pedro y yo vamos al lago. Vamos al lago con la rana. Pongo la rana en el lago. No la veo más. No estoy contento porque no tengo la rana. No estoy contento porque no tengo mi mascota nueva.

Vamos a mi casa. Vamos a hablar con mi papá. Mi papá está en la casa trabajando. Mi papá quiere más información de las ranas. Quiere documentos que tienen información de las ranas que viven en el lago.

Mi papá tiene mucha información de la rana ahora. Él da la información a muchos otros científicos. Ellos reciben la información. Es importante para los otros científicos. Es muy importante. Todos dicen:

—El dibujo y la rana son muy similares.

Mi papá dice:

—Alberto, tú eres dibujante fantástico. ¡Qué contribución para la ciencia! La rana de tu dibujo es la rana que está en peligro de extinción. Es una rana muy rara. Tenemos información de la rana porque eres un dibujante fenomenal.

—Alberto, tú eres casi, casi un artista famoso —dice Pedro.

Pedro y yo hablamos del hombre en el lago. Hablamos de la bolsa y las otras ranas similares a mi dibujo. Mi papá tiene muchos amigos científicos. Ellos van a tener una solución para estas situaciones.

—No hay problema. Este hombre es un hombre muy malo. El hombre quiere las ranas porque las ranas son muy raras. Este hombre no va a escapar —dice mi papá.

Pedro nos dice:

—Alberto y yo somos niños detectives. El hombre malo no va a escapar después de la investigación.

Capítulo 7

Santa Cruz de la Sierra

—¡Brrring Brrring!

Todo está bien. Vamos a comer pero en ese momento una persona habla con mi papá por teléfono celular.

—Sí, soy yo. ¿Cómo? ¡Es imposible! Voy en unos minutos —dice mi papá.

Mi papá ve algo en la Internet. Es la foto de Wayra, la mamá jaguar.

Voy a la computadora de mi papá y veo la foto de la mamá jaguar en la computadora de mi papá. ¿Qué puedo hacer? ¡Dibujo a la mamá jaguar! ¡Es obvio!

—Papá, ¿qué pasa? —pregunto con curiosidad.

—Wayra no está en el zoológico. No sabemos dónde está. ¿Está en la selva? Voy a Santa Cruz ahora —dice mi papá preocupado.

—¿Alberto, quieres venir a Santa Cruz? Es una excurción de científicos —pregunta mi papá.

—Mmmm... está bien —le digo.

—Es una aventura de ciencias —dice mi papá.

Estoy muy contento. No me gusta la ciencia pero me gustan las excurciones.

—¿Y qué dices hijo? —pregunta nuevamente mi papá.

—¡Sí! —digo con mucha emoción.

—Hay algo más —dice mi papá.

—¿Qué más, papá? —pregunto.

—¡Mira afuera! —dice mi papá.

Miro afuera y veo algo increíble. Hay una 4 x 4 del papá de Pedro afuera de mi casa. No vamos en el auto de mi papá, vamos por la selva en una 4 X 4. Es una 4 x 4 roja. ¡Es buenísima!

—¿Ves Alberto? ¡Es una excurción de científicos! —dice mi papá.

Todos vamos en la 4 x 4 del papá de Pedro. El papá de Pedro es Carlos. Pedro, Carlos, mi papá y yo vamos a la ciudad de Santa Cruz. Hay un problema en el zoológico de Santa Cruz. No estamos contentos porque la mamá jaguar no está en el zoológico. Necesitamos una investigación. Estoy contento porque tengo un dibujo de Wayra, la mamá jaguar y me gusta la investigación.

La 4 x 4 tiene un GPS. El mapa de Bolivia está en el GPS. Cuando vamos en la 4 x 4 vemos muchos animales pero no vemos a Wayra. ¿Está la mamá jaguar en la selva?

Veo animales y dibujo los animales. Dibujo rápido porque tengo experiencia en dibujar rápido. No estoy aburrido porque dibujo los animales. Miro afuera, veo los animales y los dibujo. Dibujo todos los

animales que veo. Cuando yo dibujo, Pedro
mira un video en su computadora personal.

—Alberto, mira mi computadora. Mira los jaguares. Están hablando de Wayra, la mamá jaguar —dice Pedro.

Hay un señor en el video. Es el director del zoológico de Santa Cruz. Habla del proyecto. Habla de mi papá. Hay una imagen de Wayra, la mamá jaguar.

Voy a dibujar esa imagen de Wayra, la mamá jaguar. Me gusta Wayra. Es un jaguar especial. Es diferente al otro dibujo que tengo de ella.

Vamos a un restaurante y comemos. Es la hora de comer.

La excursión al zoológico es unas horas. Es mucho para mí. Tengo mis dibujos. Mi papá ve mis dibujos. Mi papá me dice:

—Me gustan los dibujos. Son dibujos muy interesantes. Tú eres artista. Eres un artista fenomenal.

Capítulo 8

El circo

Finalmente, unas horas más tarde, estamos en la ciudad de Santa Cruz de la Sierra. Es una ciudad grande. Santa Cruz es una región con mucha vegetación. Hay muchos animales y una variedad de plantas. Vamos a un hotel.

—Bueno, niños, vamos a comer —dice mi papá.

Durante la comida escuchamos diferentes animales. Los animales viven en la selva y tienen protección de muchas personas. Es interesante escuchar los animales.

—Escucha... ¿Qué es eso? —pregunto.

—Es un... —dice Pedro—. No sé. Es un animal diferente pero no sé.

—Mmmm... no sé —digo confundido—... es posible...

—¡Un jaguar! ¡Es un jaguar! —decimos los dos.

—Eso no es un jaguar, niños. Eso es el motor de un auto. No es un animal —dice mi papá.

Mi papá y Carlos nos miran. Están preocupados pero contentos porque nosotros, Pedro y yo, estamos contentos. Después de comer todos vamos a las habitaciones en el hotel. Pedro y yo estamos en una habitación y mi papá y Carlos están en otra habitación. Los adultos no quieren una habitación con dos niños. Pedro y yo estamos contentos porque estamos en una habitación diferente. No queremos una habitación con adultos.

Pedro y yo queremos más aventuras. Queremos investigar más. Miramos afuera. Estamos en la selva. ¡Es increíble! Estamos con animales y con plantas tropicales de la selva. Todo es diferente. Me gustan los animales. Me gustan las plantas de la selva.

—¡Alberto, la selva es súper interesante! —dice Pedro.

—¡Es fantástica! —digo yo.

Pedro me mira. Yo miro a Pedro.

—¿Pedro, ¿qué dices? —pregunto con curiosidad —¿Vamos?

—Sí, vamos. Queremos aventuras. Estamos en la selva y es de noche. Vamos a tener una aventura en la selva en la noche.

Pedro y yo vamos afuera. Es tarde en la noche. Cuando estamos afuera vemos la habitación de los padres. No hay problema. Ellos no van a saber que no estamos en el hotel.

Estamos preocupados porque es de noche pero estamos contentos porque estamos en la selva. Nos gustan los animales de la selva. Queremos aventuras. Queremos aventuras solos. No queremos aventuras con los adultos.

Es tarde en la noche. Escuchamos los animales de la selva. Todo es interesante. Investigamos la selva. Tenemos una aventura ahora porque no hay adultos con nosotros. Es muy tarde en la noche y estamos en la selva. ¡Qué interesante!

—Mira, Alberto. ¿Qué es eso? —dice Pedro.

Vamos. No vemos bien porque es de noche.

—Es un circo —dice Pedro.

—¡Hay animales! —digo—. ¡Hay animales en este circo!

—Esto es ilegal —dice Pedro.

—Pedro, es un circo. Los circos son legales con un permiso. Probablemente tienen un permiso porque tienen un circo —le digo.

Pedro está preocupado cuando ve el circo. Algo está mal. Algo no está bien. No

sabemos todo pero sabemos que algo está mal.

Vemos un animal y vemos que algo no está bien. Estamos cerca del circo. Es tarde en la noche pero podemos ver el circo. Entramos y lo vemos. Vemos un animal. Es un animal grande. Es un gato grande.

—Alberto. Es interesante. El circo tiene un gato grande. Es un león o un tigre —me dice Pedro.

—¡No! ¡Es un jaguar! —digo— ¡El jaguar es Wayra! ¡Es la mamá jaguar! —digo con mucha emoción.

—¿Estás seguro? —pregunta Pedro.

—Estoy seguro. Mira. Es una mamá. Es el jaguar de mi dibujo. Tengo dos dibujos de ella. El jaguar es Wayra. Estoy seguro —le digo a Pedro.

En un momento vemos a una persona. Vemos a un adulto. Es una persona del circo.

—Alberto, mira. Mira a ese hombre —dice Pedro.

Pedro y yo nos miramos. Ahora tenemos una investigación nueva. Tenemos problemas si la persona nos ve.

Vemos al hombre. El hombre está con Wayra. El hombre es malo. El hombre tiene problemas con Wayra. El hombre no es bueno. No sabemos por qué el hombre está en el circo. ¿Por qué está en el circo si es un hombre malo? ¿Por qué está con Wayra si es un hombre malo?

—¡Pedro! ¡Ese hombre es el hombre del lago! —digo con mucha emoción.

—¡Sí, Alberto! ¡Es el hombre del lago! —dice Pedro.

Yo dibujo al hombre. Lo dibujo rápido. Sé que es un hombre malo y quiero un dibujo de él para la investigación.

—Vamos, vamos, Alberto. Vamos al hotel. Esto es una aventura pero no quiero más aventuras —dice Pedro.

—Un momento. Necesito dibujar al hombre. Voy a dibujar rápido pero necesito dibujarlo. Ese hombre es malo. Wayra está con un hombre malo —digo.

—¡Vamos, Alberto! ¡Vamos! ¡No quiero más aventuras!

—¡Un momento, Pedro! Este dibujo es muy importante.

Vemos al hombre. El hombre tiene a Wayra. En ese momento el hombre escapa con Wayra.

Tengo algo importante ahora. Tengo el dibujo del hombre malo. Tengo el dibujo del hombre del circo. Tengo el dibujo del hombre del lago. Ese hombre tiene a la mamá jaguar. Tiene a Wayra.

Después de la investigación Pedro y yo entramos en el hotel. Entramos pero hay un problema. Los dos papás están en la habitación.

—¡Pedro, Alberto! ¡Qué pasa! ¿Por qué no están en el hotel? —dice mi papá.

Pedro y yo no queremos hablar. No queremos confesar. Carlos no está contento. Dice:

—¡Ah, no! ¡Niños terribles! No pueden estar en la selva si no están con adultos. Ustedes son niños. Van a tener problemas solos. Hay muchos problemas en la selva. Hay animales malos. Hay personas malas.

Los dos padres no están contentos con nosotros y nos hablan más.

—Niños. No pueden estar solos. Necesitan estar con un adulto —nos dice mi papá.

—Papá. Tenemos información importante. En la selva hay un hombre. Un hombre malo. Ese hombre tiene a Wayra. Tiene a la mamá jaguar. Estoy seguro. Tengo un dibujo del hombre malo —le digo a mi papá.

Mi papá mira el dibujo. Ve al hombre malo. Mi papá está contento con mi información. Es información interesante y es información importante. Más importante es el dibujo. El dibujo del hombre malo.

Mi papá nos dice:

—Ustedes son niños malos y
desobedientes pero son buenos detectives.

Capítulo 9
Investigación del policía

Mi papá le da mis dibujos a la policía. Gracias a mis dibujos, la policía identifica al hombre malo. El hombre malo no es un hombre del circo. Es un criminal. Es un criminal famoso. Va por todas partes. Roba animales. Tiene una organización. La organización tiene muchos animales ilegales. El hombre roba los animales de Bolivia porque son animales raros.

—Esta organización también roba muchos animales de varias partes. Roba muchos animales. Quieren poner los animales en la Internet —explica mi papá.

El detective del policía tiene mis dibujos. Ahora tiene unas copias de mis dibujos. Tiene muchas copias. Ahora hay muchos con los dibujos. Todos quieren capturar al hombre malo. Quieren capturar al criminal internacional.

—El hombre no va a escapar. Tenemos barricadas. Ese hombre no puede escapar —dice el detective.

Unos minutos después el oficial viene. El oficial viene a la oficina de la policía para hablar con el detective.

—¡Tenemos al criminal internacional! El hombre malo está capturado —dice el oficial.

Estoy contento. El hombre malo está con la policía, el oficial tiene mis dibujos para la investigación, y ahora tiene a Wayra.

Wayra está contenta porque está con sus bebés. Todos estamos contentos. Todos con una excepción. El hombre malo no está contento. No va a tener su libertad ahora.

Hay reporteros de la televisión. Wayra está y muchas personas están. Los reporteros quieren hablar con mi papá. Les dice:

—Bolivia tiene un día muy especial. Es un día importante para la protección de todos los animales —dice el reportero.

Mi papá está contento. Él dice:

—Mi parte no es una parte importante. Hay dos niños. Alberto y Pedro. Son dos niños detectives. Ellos son los héroes. Tenemos a Wayra por el buen trabajo de Alberto y Pedro.

Los reporteros quieren hablar con nosotros. Los reporteros de la televisión quieren investigar la situación.

Los reporteros hablan:

—Alberto, tus dibujos son extraordinarios. Los dibujos son muy importantes. Tienes un talento especial. Gracias a tu talento especial Wayra está con sus bebés y el criminal famoso no está en otra parte robando más animales.

No estoy muy contento con toda la atención. No es muy importante en mi opinión.

—¿Tienes unos dibujos? —pregunta otro reportero.

—Sí. Tengo muchos dibujos. Tengo dibujos de muchos animales. Tengo un dibujo de una llama. Tengo otro dibujo de un león y otro de un tigre. Son animales que veo en la Internet. Me gusta dibujar. Me gusta dibujar los animales —les digo.

Doy una colección de mis dibujos al reportero. El reportero los ve y dice:

—Estos dibujos son increíbles. Me gustan. Eres un artista fenomenal.

Hablan de mis dibujos en la televisión. Hablan de Wayra y el hombre malo. Hablan de nosotros. Dicen que somos niños detectives. No estoy acostumbrado a la atención pero no es importante. Es un día muy bueno para mí.

Capítulo 10

Nombres para los bebés

Pedro va a mi casa. Pedro y yo estamos en la casa con mi papá. Estamos muy contentos. Muchas personas hablan de nosotros. Hablan de "los niños detectives."

Los reporteros hablan en la televisión. Dicen:

—Dos niños detectives son héroes. Ayudan mucho con la investigación. Uno de los héroes es artista. Tiene dibujos de un animal, de un jaguar mamá. Tiene dibujos de un criminal. Es importante. Los dibujos ayudan mucho en la investigación.

Otros en la televisión hablan de mi papá. Dicen:

—Señor Gómez es el director de un proyecto para la conservación del jaguar en Bolivia. Su hijo Alberto y otro niño Pedro, dos niños detectives, son la salvación del proyecto. Con la ayuda de los dos niños la policía tiene un criminal. El criminal es un hombre malo que va a muchas partes. Roba animales. El hombre es parte de una organización. Gracias a los dos niños y al papá de uno del los niños, el hombre malo no va a robar más animales.

En la noche Pedro y yo estamos en la tele. Hablamos de la aventura. Hablamos del hombre malo. Hablamos de los dibujos y la investigación.

Durante el día estamos en la escuela. Miramos la televisión con los estudiantes y la profesora de la clase de cienca. Un reportero en la tele tiene información importante:

—Tengo información importante —dice el reportero. —Tenemos en la escuela un periódico de la escuela. Alberto es el editor y responsable de los dibujos y fotografías del periódico. Pedro es responsable de la edición de los textos y la información. Todos los estudiantes pueden participar.

—Ves, Alberto, éste es mi plan: tú dibujas para el periódico de la escuela —dice la profesora de ciencia.

Estoy emocionado. Digo:

—Gracias, gracias, señorita. Su plan es buenísimo. Ahora mi proyecto es preparar una lista de nombres para los bebés de Wayra.

Hay muchos niños de la escuela que ven al reportero en la tele. Están contentos. Los estudiantes tienen ideas para los nombres de los bebés. Tienen muchas ideas.

Ahora tengo una lista grande de nombres. Todos los nombres son para los bebés de Wayra. A mí me gustan todos los nombres. ¡No puedo decidir!

Pedro y yo queremos ver a Wayra y a los bebés. Hablamos con mi papá. Mi papá nos dice:

—Ahora los bebés son más grandes. El proyecto va muy bien. Los científicos y yo queremos ver si Wayra puede vivir en la selva con los dos bebés. Es un proyecto importante. Vamos a poner a la familia de Wayra en la selva y vamos a observarla. Queremos ver si pueden vivir solos en la selva.

Vamos a Santa Cruz. Vamos al zoológico. En el zoológico veo a Wayra y sus dos bebés. Wayra me mira. En mi opinión, Wayra es una amiga.

Vamos con Wayra y sus bebés a la selva. Wayra me mira por un instante y no está. Está en las plantas de la selva. Wayra y sus dos bebés están en la selva.

No estoy contento porque no voy a ver Wayra en el zoológico. Pero en mi opinión, Wayra está contenta. Ahora puede vivir en la selva con sus dos bebés. Ellos pueden vivir en la libertad de la selva. Digo:

—Adiós Wayra. Adiós.

GLOSSARY

The words in the glossary usually are given in the same form in which they appear in the story. Unless a subject of a verb in the glossary is expressly mentioned, the subject is third-person singular. For example, *abre* is given as only *opens*. In complete form this would be *she, he or it opens*.

The infinitive form of verbs is usually given as *to ...* For example, *ayudar* is given as *to help*. The context in which the infinitive is used affects the translation. For example, *escuchar* is given as *listening to, hearing*, because it follows *después de*, which means *after* in English. In some other contexts, it could be *listens, listens to* or *hears*. One or two pronouns are sometimes attached to the end of the infinitive, for example, *ayudarme*, which means *(to) help me*.

It is also useful to know that the verb ending *-ndo* means *-ing* in English and that *-mente* at the end of a word is generally like *-ly* in English.

GLOSARIO

A

a/al—to, to the
abuela/abuelo/abuelos—
grandma(pa),
grandparents
aburrido—bored
acostumbrado—
accustomed to
adiós—bye
adulto/s—adult(s)
afuera—outside
agarra—grab
ahora—now
algo—something
algunos—some
amiga/o—friend
artículo—article
artista—artist
atención—attention
auto—automobile
aventura/s—adventure(s)
ayuda/ayudar—helps,
to help

B

barricadas—barricades
bebés—babies
bien—good, fine
bolsa—bag
buen/a/o—good
buenísimo—really good

C

cálmate—calm down
casa—house
casi—almost
causar—to cause
celular—celular
cerca—near
ciencia—science
científico—scientist
circo—circus
ciudad—city
clase/s—class, classes
colección—collection
come/comemos/comer—
eats, we eat, to eat
comida—food
como—as, like
comprende—comprehend,
understand
computadora—computer
con/conmigo—with, with
me
confesar—to confess
conflicto—conflict
confundido—confused
conservación—
conservation
contenta/contento—
content, happy
contribución—
contribution
conversación—
conversation

copias—copies
correcto—correct
criminal—criminal
cuando—when
curiosidad—curiosity
curiosos—curious

D

da/dar/doy—gives,
to give, I give
de/del—of, of the
decidir—to decide
decisión—decision
desobedientes—
disobediant
después—then,
after, afterwards
detective/s—detectives
día/días—day, days
dibuja/dibujar—draws,
to draw
dibujante—person who
draws
dibujo/dibujos—
drawing(s)
dice/dicen/digo—says,
they say, I say
diferente—different
director—director
doctor—doctor
documentos—documents
dos—two
durante—during

E

edición—edition
editor—editor
el/la/los/las—the
él/ella/ellos/ellas—he,
she, they
emergencia—emergency
emoción—emotion
emocionado—emotional,
excited
en—in, on
enamorado—in love
energía—energy
entra/entramos—enters,
we enter
es/eres/soy/somos/son—
is, you are, I am, we are,
they are
ese/esa/eso—that
escapa/escapar—
escapes, to escape
escorpión—scorpion
escucha/escuchamos/
escuchar—listens, we
listen, to listen
escuela—school
especial—special
especies—species
esta/este/esto—this
está/estamos/están/
estoy/estar—is, we are,
they are, I am, to be

estudia/estudias/
estudiar—studies, you
study, to study
estudiante—student
excelente—excellent
excurción—excursion
existe—exists
experiencia—experience
explica—explains
explora/exploramos/
explorar—explores,
we explore, to
explore
extinción—extinction
extraordinarios—
extraordinary

F

familia—family
famoso—famous
fantástica/o—fantastic
favor—favor
(por favor=please)
fenomenal—phenomenal
finalmente—finally
foto—photo, picture

G

gato—cat
genio—genious
gracias—thanks

grande—big, grand
grupo—group
gusta/gustan—likes

H

habitación—room,
habitation
habla/hablo/hablamos/
hablar—talks, I talk, we
talk, to talk
hace/hacen/hago—does,
makes, they do, I do
hay—there is
héroes—heroes
hijo—son
hombre—man
hora/horas—hours
horribles—horrible
hotel—hotel

I

idea/ideas—idea(s)
identifica—identifies
ilegal/ilegales—illegal
imagen—image
importante—important
imposible—impossible
impresionado—impressed
increíble—incredible
información—information
insectos—insects
instante—instant
inteligente—intelligent

interesado/interesante—
interested, interesting
internacional—
international
investigación—
investigation
ir (va) —to go (goes)

L

lago—lake
le/les—to him, her, them
lee/leo/leer—reads,
I read, to read
legal—legal
libertad—liberty
libro—book
lista—list
llama—llama
(animal), calls
lo/la/los/las—it, them
loco—crazy

M

mal/malo/malos/malas—
bad
mamá—mom
mapa—map
más—more
mascota—pet, mascot
me/te/nos—to me,
to you, to us
médico—doctor
mejor—better

menos—less
mi/mis—my
minutos—minutes
mira/miro/miramos—
looks at, I look at, we
look at
momento—moment
motor—motor
mucha/mucho/muchos/
muchas—much, many
muy—very

N

naturaleza—nature
necesita/necesitamos/
necesitan/necesito—
needs, we need,
they need, I need
nervioso—nervous
niños—boys, kids
noche—night
nombre—name
normal—normal
nosotros—we
nueva—new
nuevamente—again
número—number

O

o—or
objetos—objects

observarla—observe her (it)
obvio—obvious
oficial—official
oficina—office
opinión—opinion
organización—organization
otra/otro/otros—other, others

P

padres—parents
pantalones—pants
papá—papa, dad
para—for, in order to
parte/partes—part(s)
participar—to participate
pasa—passes
pasión—passion
peligro/peligroso—peril, danger
perfecta/perfecto—perfect
periódico—periodical, newspaper
permiso—permission
permitir—to permit
pero—but
perrito—little dog
persona—person
plan—plan

plantas—plants
policía—police
pone/ponemos/pongo/poner—puts, we put, I put, to put
por—for
porque—because
posible—possible
pregunta/pregunto—ask, I ask, (question)
preocupado/preocupados—worried
preparar—to prepare
probablemente—probably
problema/problemas—problem(s)
profesora—profesor, teacher
programas—programs
protección—protection
proyecto—project
puede/puedo/podemos/pueden—can, I can, we can, they can

Q

que—that
qué—what
quiere/queremos/quieren/quiero—wants, we want, they want, I want

R

rana—frog
rápido—rapid, fast
rara/raras/raros—rare, unusual
reacciona—reacts
reciben—they receive
región—region
reportero—reporter
responde/respondo—responds, I respond
responsable—responsible
restaurante—restaurant
roba/robando/robar—robs, robbing, to rob

S

sabemos/saber/sé—we know, to know, I know
salvación—salvation
se—himself, herself
secreto—secret
seguro—sure
selva—jungle
señor/señorita—Mr., Ms.
si—if
sí—yes
silencio—silence
similares—similar
situación—situation
solar—solar
solos—alone

solución—solution
su/sus/tu/tus/mi/mis—his, hers, your, yours, my
suficiente—sufficient
súper—super

T

talento—talent
también—also
tarde—tardy, late
te—to you
tele—television
teléfono—telephone
televisión—television
terrible/terribles—terrible
texto/textos—text(s)
tiene/tengo/tenemos/tienen/tener—has, I have, we have, they have, to have
tigre—tiger
tipo—type
toda/todas/todo/todos—all
trabajando/trabajo—working, work, job
tropicales—tropical
tú—you

U

un/una/unas/unos—a,
one, some
ustedes—you (plural)

V

va/vamos/van/voy—goes,
we go, they go, I go
varias—varias
ve/veo/vemos/ven/ver—
sees, I see, we see, they
see, to see
vegetación—vegetation
viene/venir—comes,
to come
video—video
visitarla—visit her
vive/viven/vivir—lives,
they live, to live

Y

y—and
yo—I

Z

zoológico/zoológicos—
zoo(s)

THE AUTHOR

Patricia A. Verano teaches Spanish and English in Buenos Aires. Along with Pablo Ortega López, she is the co-author of *En busca del monstruo* (2013). She is also the co-author with Verónica Moscoso and Blaine Ray of *Pobre Ana bailó tango* (2007). She composed the songs on two CDs which are based on novellas—*Canciones de Pobre Ana* and *Canciones de Patricia va a California, Casi se muere, El viaje de su vida y ¡Viva el toro!* She also sings some of the songs on the CDs. And she is the reader on the audiobook version of *Patricia va a California.*

THE ILLUSTRATOR (S)

Milton Blas Verano was born in 1984 in Buenos Aires, Argentina. At the age of seven he moved to Italy. Although he graduated from the Accademia di Belle Arti di Catanzaro in southern Italy in 2007, he has been exhibiting his work in the art world since 2000. He has won several international awards and his work has been shown in London, Buenos Aires, Paris, Brussels, Dallas, Los Angeles, San Diego, Venice, Naples and Milan.

Juan Carlos Pinilla (www.jucapime.com) is a self-employed graphic designer living in Bogotá,Colombia. He is a distinguished illustrator that has a wide range of professional background which includes work in film, print media, and drawing. He finds inspiration through different experiences in life and has discovered illustration to be what he most enjoys. At the same time, he enjoys the challenge of working on projects outside of his comfort zone and has designed various books and illustrations as well as illustration work for the very popular Señor Wooly stories.

Pobrecita Ana, va uno por uno

Under 100 unique words

Ana, a 13-year old girl from California, is disappointed with the lack of friends that she has in her community. When she gets an opportunity to go to Guatemala for a visit, her mother encourages her that she can handle anything she faces one by one.

Los niños detectives

100 unique words

Alberto is a curious boy that lives with his family in Bolivia. One day, Alberto and his friend Pedro witness something suspicious and end up combining their talents in order to solve a mystery that involves saving missing animals.

Berto y sus buenas ideas

Under 200 unique words

Berto is an eleven-year-old boy who lives in Madrid, Spain. His best friend is Paquita. Poor Berto has one big problem. He does not like school. He does not like to study. He does not like to do homework. He does not even like his teachers. In fact, his teachers are really odd. Fortunately, Berto has a lot of good ideas.

Pobre Ana classic version

Under 250 unique words

This is the original Pobre Ana story. Ana gets an opportunity to go to Mexico, she goes to a small city where she lives with a very nice family. Her view of her life changes radically. Pobre Ana is short and easy and a lower word count than the Pobre Ana moderna version.

Pobre Ana –Moderna-

250 unique words

Ana thinks her life is so bad because things aren't going her way with her family. When she compares herself to her friends, things get even worse. Her only solution is to go to Mexico for a couple of months and escape all of her problems. Will a summer in Mexico be the answer to her problems or will things in her life stay the same?

Pobre Ana bailó tango

Under 300 unique words- past tense

After her trip to Mexico, Ana gets an opportunity to improve her Spanish and learn to dance the tango. She travels to Argentina where she meets new friends and learns about Argentine culture.

Patricia va a California

Under 300 word unique words

Patricia a 15-year- old girl from Guatemala, goes to California as an exchange student and lives with a caring American family. This story deals with discrimination against Latinos in the United States and contains authentic cultural references.

Casi se muere

Under 300 unique words

This is an engaging story with a bit of romance about an American girl who goes to high school in Chile. While there, she meets two Chilean boys, one is nice one and a mean one. The story deals with various issues including traveling, bullying issues, and dating.

Look, I Can MovieTalk book on CD

Engage students by using popular animations of compelling stories for the purpose of creating a 90% target language classroom environment. For all levels of Spanish, this resource is a great addition to any curriculum that utilizes comprehensible input and TPRS. This book includes sample scripts for teachers, various readings for each chapter animation, and a variety of student activities for all levels of Spanish.

Spanish level 1 Student Text and Teacher Guide

Make your classes come alive with this collection of 30 oral stories in the Teacher Guide containing creative suggestions that complement the over 100 stories found in this Student Text. This resource is a practical way to incorporate storytelling into any curriculum for various levels and a variety of languages including French, German, and English. Find other TPRS Books products on our website.

Many more readers coming soon,
please visit our website at *tprsbooks.com*.